Alexander Holzach

Touro
o signo apreciador

De 21 de abril a 20 de maio

Qualquer que seja o caminho trilhado pelo signo de touro

...apenas uma coisa importará para ele

...que esse caminho sempre o leve de volta à sua família.

A pressa e o estresse, touro deixa para os outros

Só se apressa...

...quando se trata daqueles de quem gosta.

Touro é um apreciador.
Sabe apreciar o que é bom.

Nesse caso, é a calma em pessoa.

Mas, de quem o serve, touro espera o contrário.

Se a balança causa irritação...

...é só se movimentar um pouquinho...
...e logo o ponteiro se acerta de novo!

Quando touro está bem motivado...

...apresenta sua melhor forma.

Touro trabalha duro...

...mas, para isso, precisa de um equilíbrio.

Às vezes, o encontra
em uma refeição fina
e numa tacinha a mais.

Touro entende de festejar por aí.

Mas também gosta de passar um tempo em seu estiloso lar.

Touro gosta de que seu lar esteja bonito.

Depois das tarefas de casa, tudo deve estar brilhante.

...e iluminado.

Touro procura um relacionamento tranquilo.

Mas pode se **enfurecer** quando entrega seu coração em vão!

Sempre se pode confiar nas palavras de touro.
Quando disser "sim"...

...não mudará mais de opinião.

O que touro quiser...

...esse signo terá.

Touro é de guardar. É um colecionador nato.

Se ganhar a amizade de alguém de touro...

...poderá confiar nele para sempre.

Se alguém de quem touro goste correr perigo...

...com certeza ele estará lá para ajudar.

Touro é um signo muito sociável. Quando percebe que alguém está sozinho ou que precisa conversar,

...ele imediatamente se aproxima na medida certa.

Quando outros querem se esquivar...

...touro simplesmente faz valer sua própria vontade.

Com touro, sempre se sabe onde pisa...

...pois esse signo demonstra seus sentimentos bem diretamente.

Touro é orgulhoso.
Por isso, é melhor não rir quando ele se permitir errar...

...senão a coisa vai feder de verdade.

Porém, nada faz touro sair rápido
de sua tranquilidade...

...é preciso muita maldade...

.para tirar
ouro do sério.

Mas daí é melhor estar
em protegido.

Há o rumor de que touro seja calado em sociedade.

Na verdade, esse signo só não gosta de conversa fiad

Mas ninguém o segura [qu]ando um tema interessante surge à mesa!

Touro e a moda.

Esse signo não segue tudo...

...escolhe apenas algumas peças que demonstrem o seu bom gosto.

Os cofrinhos não têm do que reclamar.

Touro sempre os alimentará regularmente.

Touro é firme...

...e perseverante.
É assim que alcança seus objetivos.

É claro que sempre dá para ir mais alto.

Mas, para um
signo tão realista,
o alcançável
é suficiente.

Às vezes, o signo de touro pode ser...

preguiçoso,

teimoso,

cauteloso

e desconfiado.

Mas também pode ser todo coração...

resiliente,

apreciador,

persistente

e superfamília.

TÍTULO ORIGINAL *Der geniesserische Stier*
© 2015 arsEdition GmbH, München – Todos os direitos reservados.
© 2017 VR Editora S.A.

EDIÇÃO Fabrício Valério
EDITORA-ASSISTENTE Natália Chagas Máximo
TRADUÇÃO Natália Fadel Barcellos
REVISÃO Felipe A. C. Matos
DIREÇÃO DE ARTE Ana Solt
DIAGRAMAÇÃO Balão Editorial

**Dados Internacionais de Catalogação na Publicação (CIP)
(Câmara Brasileira do Livro, SP, Brasil)**

Holzach, Alexander
Touro: o signo apreciador / Alexander Holzach; [tradução Natália Fadel Barcellos]. — São Paulo: VR Editora, 2017.

Título original: *Der geniesserische Stier*

ISBN 978-85-507-0110-3

1. Astrologia 2. Horóscopos 3. Signos e símbolos I. Título.

17-04665   CDD-133.54

Índices para catálogo sistemático:
1. Horóscopos: Astrologia 133.54

SUA OPINIÃO É
MUITO IMPORTAN
Mande um e-mail pa
opiniao@vreditoras.co
com o título deste li
no campo "Assunto"

Todos os direitos desta edição reservados à
VR EDITORA S.A.
Via das Magnólias, 327 - Sala 1 | Jd. Colibri
CEP 06713-270 | Cotia | SP
Tel.| Fax: (+55 11) 4702-9148
vreditoras.com.br | editoras@vreditoras.com.br

1ª edição, nov. 2017
2ª reimpressão fev. 20..
FONTES SoupBone e
KG Be Still And Know
IMPRESSÃO GSM
LOTE GSM070223